김형근 시집

낙타의 눈물

김형근 시집

낙타의 눈물

제 1부

풍경 소리 09
낙타의 눈물 10
고한古汗 며칠 12
그런 길이라면 14
그리운 북평장 18
낙화를 보며 20
능내 연꽃마을 22
다시 두물머리에서 24
그대가 참사람이라면 26
작은 두 학교 이야기 28
스텐카라친 노래 들리면 30
나의 애창곡 32
어떤 인연 34
별이 빛나는 밤에는 36
삼화사 가는 길 38
밝은 아침에 39

제 2부

잊지 못할 금강에서의 추억 42
무너미 학교에의 추억 44
달반늘 마을 46
빈집 48
소읍 장터 50
청량리역 52
청사포靑沙浦에서 54
고향 단상 56
그 여름 울릉도 58
여름밤 60
항구 일지 1 61
항구 일지 2 62
항구 일지 3 64
항구 일지 4 66

제 3부

상수리나무 70
구월九月에 72
월전月田에서 74
다시 월전月田에서 76
그해 가을 78
외지外地에서 81
상명 제자들에게 82
눈 내리는 날에 85
신돌석 1 86
신돌석 2 90
신돌석 3 91
신돌석 4 92
강구江口 친구들 94
우리들의 술은 96
요단강 98
서울로 가며 100
후기 102

제 1부

풍경 소리
낙타의 눈물
고한古汗 며칠
그런 길이라면
그리운 북평장
낙화를 보며
능내 연꽃마을
다시 두물머리에서
그대가 참사람이라면
작은 두 학교 이야기
스텐카라친 노래 들리면
나의 애창곡
어떤 인연
별이 빛나는 밤에는
삼화사 가는 길
밝은 아침에

풍경 소리

어느 해 세밑
그대가 보내준
풍경 소리
바람 부는 날
이따금 꺼내
듣고 있다.

그대 먼저 떠나면
허전한 내 가슴
풍경 소리
울려줄 사람
이번 생에서는
더 이상 없을 것 같다.

낙타의 눈물

몽골 고비사막
유목민 촌
간난신고에 지쳐
수유 거부하는 낙타 앞에
구슬픈 마두금 연주되고 있다.
그 곡 구음으로 부르는
젊은 아낙네
따뜻한 손길로
낙타 옆구리 어루만지자
낙타의 둥글고 큰 눈에는
어느새 그렁그렁 눈물 맺힌다.

젖 달라고 울며 보채는 새끼
도리질 치고 발길질하던 에미
애끊는 가락, 소리 어우러지자
마침내 참았던 눈물
방울방울 땅에 떨구고는
굶주린 새끼에게 젖을 물린다.
고달프고 모진 이 세상
같이 이겨내자고

고한古汗 며칠

하나 남은
탄광이 문을 닫자
광부들 사라지고
인적 끊어진 사택에
찬 이슬 내리는 가을 저녁
떠날 사람 떠난 자리
그래도 연탄은 남아
발갛게 불을 피운다.
여우와 늑대 사이의 어스름
가늘게 눈을 뜨고
먼 데 산을 보노라면
커다란 슬픈 눈동자
얼핏 어려 있는 듯

함백산 고원에
밤은 일찍 찾아와
마주 보고 늘어선
구공탄 화덕 주변에 모인

길손들 머리 위로
이윽고 별이 돋아나는데,
벗이여
이곳에서
한 며칠 머물다
서리 온다는 상강霜降쯤
같이 내려 길 나서면
순례자처럼 의연해질까
수도승처럼 초연해질까

그런 길이라면

한적한 들길이거나
강을 끼고 도는 길섶에
야생화 몇 송이 피어 있고
가끔 날갯짓하며 오르는
백로 볼 수 있는
물래길이라면 좋겠네.

우체부가 다니는 고샅길에
자전거 길 있고
초등학교 분교장 자리한
작은 마을 뒤편에는
공소나 예배당 가는
언덕길 있으면 족하리.

야트막한 야산
자연 그대로의 황톳길
걸을 수 있다면 더욱 좋겠네.
그 길 걷다 보면 어쩌다

저승으로 가는 길
조금은 보일 것도 같으이.

그리운 북평장

낮은 곳이 문득
그리워지는 날이면
북평장으로 가 보오.

낡고 오래된
일련의 나지막한 가게와 집들
북편 끝자락엔 전천
그 너머 벌판에는
높고 우람한 산업단지

속 깊고 넓어서
태평한 동해
때로 사납게 뒤척이는
짙푸른 물결도
어느새 고요히 잦아드는
항구 그 아래

작은 칭찬에도 수줍음을 타고

큰 허물도 넉넉히 감싸 안는
동해를 꼭 닮은
순하디 순한 사람과 사람
늘 정겨운 이웃들

밤새워 건져 올린
생선들 넘쳐나고
아, 시인 백석이 사랑한
그 국수
메밀전병에
막걸리 한 잔

낮은 곳이 자꾸만
그리워지는 날이면
북평장으로 가 보오

낙화를 보며

꽃이 진다고
서러워 말자.
꽃은 꽃으로 피었다가
가을 열매 위해
꽃답게 지는 것.

서울을 떠난다고
서운해 말자.
누군가 떠난 빈 둥지엔
새로운 생명
살갑게 깃드는 법.

꽃이 사방으로 흩어졌다
서러워 말고
혼자 동그마니 남겨졌다
섭섭해 말자.

바람 불어

꽃이 져 외로울 때는
노인과 바다의
산티아고 영감 떠올려 보고

나는 자유이므로
원하고 두려워할 아무것도 없다
묘비명에 새긴
저 그리스의 카잔차키스 생각해 보자.

능내 연꽃마을

늦가을 오후
텅 빈 능내역 폐역사
인사 여쭙고
삼거리 주막 지나
연꽃마을 와 보니
연꽃은 이미 진 지 오래
마재성지 한옥 성당이 반긴다.

토끼섬 한 바퀴 돌고 나와
석양 무렵 경기옛길
평해길에 오르면
유유히 흐르는 한강
상심낙사賞心樂事
눈은 어느 순간
아련하고 그윽해진다.
여기서 동해의 그 평해라니.

카페 봉쥬르의 불빛

오늘따라 더욱 쓸쓸하게
강물이 되어
같이 흐르고 있다.

다시 두물머리에서
- 양수리 아우에게

섣달그믐 무렵이면
약속이나 한 듯
두물머리 물래길 걷고 있다.

추운 그 겨울날
뜻 맞는 몇 사람
삼거리 포장마차에서 만나
두물이 모임 만들자 했었지.

뒤늦게 신학 마치고
지방의 작은 교회

섬기다가, 떠돌다가
소식 끊긴 지도
벌써 여러 해.

아우여.
그때 만났던
한 분은 이미 세상을 떠났고
아우 고향마을 자그마한 교회 그림
선뜻 내준 이화백은
오랜 세월 몸져누워 있다.

바람 찬 이 겨울
남한강, 북한강이 만나는
머리끝 다시 와 보니
말로는 설명하기 어려운
그대의 신산한 삶의 노정
아득히 보인다.

새봄에는
두물머리 장터쯤에서 만나
양수추어탕 한 솥
든든히 비우고
그림 속 교회 향해
길 떠나 보자.
아우여.

그대가 참사람이라면

그대가 교사라면
물에 잠기는 배에서
먼저 탈출하지 말고
불이 난 교실에서는
마지막 한 생명
다 나가는 순간까지
자리 지키며 남아 있으라.

그대가 사나이라면
붐비는 지하철 안
곁에 있는 아가씨에게
함부로 몸 비비거나
으슥한 골목길
조심스레 걷는 여인에게
어이없이 발길질하지 말라.

사랑하는 사람
떠난다 하면 보내주고

다시 오면 싫다 말라.
그 여인 가진 것 없이
벌거숭이 되어 돌아오더라도
온몸으로 따뜻하게 받아주어라.
그대가 참사람이라면.

작은 두 학교 이야기

경기도 맨 북쪽
연천 전곡에는
미술교육 특성화
화花요일아침예술학교 있고

몇 해 전 동쪽 끝
가평 설악에는
음악교육 특성화
노비따스중고등학교 개교했다.

두 학교 모두
독불장군 신부님이 각자 세운
아늑한 산속 여학교지만
수녀님과 많은 후원자에
기숙사 딸린 몇 동의 건물
더불어 숲 거기 있다.

각 학년이 한 학급

학급당 열 명 채 되지 않는
작지만 크고 넓은
어머니 품속 같은 학교.

한 학교 들어서면
미술, 조각 작품들 빼곡하고
다른 학교는 피아노 선율에
각종 악기 소리 그득 울릴 듯싶다.

복지시설 아동이거나
결핍 있어야 입학이 가능한
노비따스학교 생각하면
가슴이 자꾸만 아리고 시려온다.
계절은 여름을 향해 달려가고 있는데…

스텐카라친 노래 들리면

가수 이연실이 부른
스텐카라친 노래 들을 때면
문득 한 사람이 떠오른다.

러시아 횡단 열차 안에서
이 노래 원어로 불러
승객들의 뜨거운 박수 받기도 했다지.

일찍이 도피자들의 은신처,
잘 나가던 강원도 탄광 팔아
광부들에게 모두 나누어 주고
주변의 어려운 친구들에겐
살아갈 집도 마련해 주었다지.

경상도 아래쪽에 학교 세운 뒤로는
잡초도 뽑고 청소도 하며
거기서 숙식까지 해결하니
처음 만나는 학생들은 모두

학교 일꾼으로 알았다지.

틈틈이 이곳저곳 다니며
낡고 이기적인 기성세대
강하게 질타하고,
젊은이들에게는 어떻게 살 것인지
온몸이 나침반 되어 가리켰던
거리의 철학자이자
우리 시대의 진정한 스승.

볼가강의 배 위에서
스텐카라친 노래 들리면
그 사람 더욱 크게 다가온다.

나의 애창곡

어쩌다가 취해
흥이 오를 때면
부르는 노래 한 곡 있다.
엄혹한 일제강점기
시 공부하는 이들에게도 낯선
인천 출생의 함효영
그 시에 곡을 붙인 홍난파
홍씨 이름은 잠시 묻어두고
시인과 봄 바다 생각하며
불러 본다.

그 시절 서울서 강릉까지는
큰물 건너고 고산준령 넘어
사흘이나 나흘도 더 걸리는
머나먼 거리
달 맞으러 가는 사공과
젊은 시인의 모습
함께 그리며 불러 본다.

눈 지그시 감고
2절까지 불러 본다.

어떤 인연

사방으로 넓은 들판
서쪽 끝은 천혜의 바다
인심 좋고 덕이 후한 평택
햇수로 삼 년
사제로 만났다가
헤어진 지 어언 삼십 년.

어느 가을날
달 맞으러
동해 가는 길에
가까스로 연락 닿아
다시 만나게 된 인연.

한 해에도 몇 차례
이어지는 정성스런 선물
이번 한가위에도 받고 보니

북경에서 제자 이상적이 보내준
귀중한 많은 서책
유배지 제주에서 받은
추사의 심정 이제
어렴풋이 알 것도 같다.

어떤 인연은
추운 한겨울 소나무, 잣나무가
늘 푸르게 의연히 서 있는
그림을 그리게 하고

어떤 인연은
묵정밭 새로 갈고 일구어
소탈한 삶의 한 풍경 담은
시를 쓰게도 하나 보다.

별이 빛나는 밤에는

양평에 와 살면서
가까이 있는 군립미술관에
고흐 전람회 보러 갔다.
미디어아트전이었지만
별이 빛나는 밤, 밤의 카페테라스
그 여운은 밤이 깊도록
오래 남았다.

별은 외로운 남자들에게
왜 빛을 발하는 것일까?

별을 헤며 이국 소녀들
이름을 하나씩 떠올리다가
자기에게 십자가 주어진다면
조용히 피를 흘리겠다던
한 젊은 시인은
얼마나 외로웠을까?

별이 빛나는 창공을 보고,
갈 수가 있고
별빛이 그 길을 훤히 밝혀주던 시대[*]
동경했던 어느 미학자도
화가나 시인처럼
그렇게 외로움 느꼈을까?
별이 빛나는 이런 밤에는.

* 게오르그 루카치 '소설의 이론' 서문에서 따옴.

삼화사 가는 길

잘 가꾼 숲과
늘어선 식당가 지나면
두타산 삼화사 산문 보이고
무릉계곡 널따란 반석 따라
삼화사 본당 가는 길.

자장이 문수보살 보길 원하나,
문수는 나타나지 않고
'자기 모습 있는 자
어찌 나를 보겠느냐'는
문수의 말만 남아
병풍처럼 둘러싼 두타산에
공명 일으켜 크게 울리다가
대적광전에 이르자
그만 숨을 죽인다.

예불 마친 노승
계곡으로 천천히 내려간다.

밝은 아침에

'부끄러움을 가르칩니다'라는
어느 작가의 소설 제목은
이제 바뀌어야 한다.
많이 배울수록 부끄러움은커녕
자기 과시에 몰두하는 속물들이
판치고 날뛰는 세상,
상대방 헐뜯거나 정치 선전
요란한 온갖 현수막들
아찔하고 참 역겹다.

밝은 아침에
일찍 깨어 일어나
간절히 소망해 본다.
배우지 않아도 부끄러움 알고
대개의 생명체 귀히 대하되,
못된 놈 철저히 미워하는
눈 밝고 의로운 이웃들
많아지는 세상,
그네들이 신명나게 살 세상을.

제 2부

잊지 못할 금강에서의 추억

무너미 학교에의 추억

달반늘 마을

빈집

소읍 장터

청량리역

청사포靑沙浦에서

고향 단상

그 여름 울릉도

여름밤

항구 일지 1

항구 일지 2

항구 일지 3

항구 일지 4

잊지 못할 금강에서의 추억

1

아주 긴 시간
먼 바다, 공해까지 나가더니
마침내 북진해서 도착한 금강산
숙소는 정박한 배 위
으스스하고 모든 게 낯설었다.
무공해 동네라
밤은 몹시 캄캄했지만
금강산 노천탕에서 바라본
수많은 별 무리,
별 스쳐 내려온 듯한 온천수
지금도 잊히지 않는다.

2

새해 첫날 꼭두새벽
일출 보러 해금강으로 갔다.

구름 한 점 없이 맑은 날
드디어 해가 수평선 위로
밤톨 같은 머리 내밀자
사방은 장엄해졌다.

나도 모르게 중얼거리듯 꺼낸 몇 마디
어떤 사내가 다시 말해보라 한다.
'세월 한참 흐른 뒤
부산에서 기차 타고 금강으로 가는
내가 보인다.' 데자뷰일까

그달 중순이나 하순쯤
금강산에서 만난 사람들 편에
그 사내와 인터뷰하는
내 모습 방영되었다는데,
정작 나는 다시 보지 못했다.
생애 최대의 그 기막힌 일출 광경을.

무너미 학교에의 추억

학교는 무너미水踰 초입에 있었다.
봄철 교문을 들어서면
진달래꽃 반갑게 맞아주고
벚꽃이 만발할 때는
드넓은 캠퍼스 개방하여
이곳저곳 상춘객도 많았었다.

운동장 끝 담장을 따라
죽 늘어선 젊은 느티나무
아이들의 꿈을 키워주고 있었고,
후문 가까이 무너미 동산은
아늑하고 순수한 자연미 있어
야외 수업하기 안성맞춤이었다.

고교 야구의 인기가 엄청난 시절
봄, 여름에는 동대문구장으로
자주 단체 응원을 나가
우승할 때면 그 기쁨 맘껏 노래했고,
추운 겨울, 성탄절이 다가오면
어려운 이웃 살뜰히 챙기는
멋지고 의협심 강한 학교였다.

오랜만에 학교 다시 가보니
인공적인 조형물 많아
왠지 낯설고 어색한 느낌
뒷동산에서 체육관으로 올라가던
한적한 숲속 오솔길은 입구부터
사이버대 건물에 가려 보이지 않고,
연인들이 밀애를 나누던
학교 앞 넓은 화원 자리에는
대책 없이 크거나 높은
교회 건물 두 동 썰렁했는데,
어느 해였던가, 개학해 보니
우리들의 교목 느티나무는
속절없이 사라져 버리고
그 높이만큼의 콘크리트 벽체가
야구장을 겸한 대운동장
한쪽을 경계 짓고 있었다.

'믿음으로 일하는 자유인'은
다들 무탈하신가?

달반늘 마을

남해 창선대교 지나
달반늘 마을 들어설 때는
늘 어스름 저녁이었다.
고운 이름을 닮아서인지
마을은 외로운 나그네
따뜻하게 맞아주었다.
달반늘은 바다를 내려다보지 않고
몇 개의 작은 섬
오랜 죽방렴 간직한
바다와 가까이 이웃해 있었다.

반달이 뜨는 밤이면
저만치 창선교 불빛
잊을 수 없는 그리운 얼굴들
하나하나 호명해 데려와
헛헛한 가슴 채우다가
한 서너 순배쯤 돌고
주위가 고요해질 무렵
바다를 끼고
느릿 걷다 보면
달과 함께 이울곤 했다.

빈집

벌써 여러 해
아무도 살지 않는 빈집
우거진 남새밭 언저리
꽃은 조용히
홀로 피었다 지고
바람 지나가자
더욱 적적한 마당
야트막한 담장 옆
감나무잎 사이 사이로
보이는 얇은 가을 햇살
파아란 하늘.

한세월
요양원에서 보내는
정갈한 안주인은
가끔 고향 집으로 가자는데,
세상 인연 거의 몰라보고
기억 속 남은 풍경도

조각나 제각각이지만
한결같이 드나들어
어느덧 자신과 하나가 된
천장 높아서 커다란 빈집.

꿈속에서라도 찾아가
불편한 몸 편히
누이고 있는지
정다운 옛 얼굴들
만나보고 있는지.

소읍 장터

바람 부는
장터 입구
오래도록 좌판 지키던
두어 사람 떠나자
저잣거리에는
덜컹거리는 낡은 간판 아래
비닐봉지만이
이리저리 날리며 떨고 있다.

여름밤이면
개구리들의 합창
방 깊숙이 들어온
달빛에 뒤척이다가
이른 아침
계집애들이 내지르는
사금파리 깨지는 듯한 소리에
잠이 깨던 곳.

그때 애들은 자라
훌쩍 도시로 떠나
아기 울음소리 끊어지고
나이 지긋한 어른들도
집을 지키는지
산으로 갔는지
적막만이 가득한
무싯날의 소읍 장터.

서편 하늘에
낮달이 외롭다.

청량리역

좁은 뒷골목 따라 죽 늘어선
다닥다닥 쇼윈도 홍등가 자리엔
초고층 주상복합 건물들 웅장하고
동해 거쳐 강릉으로 가는 완행열차는
이제 더 이상 다니지 않는다.

그래도 장날이면 부지런히
아리랑열차 정선으로 보내고
수많은 장병 실은 기차
전방으로 떠날 때면
연인과 가족들 두 손 흔들고
이별의 눈물 훔치며 돌아서게 했다.

먼 시골에서 온 노인들
별로 낯설어하지 않고
역을 나서면 서민들 자주 찾는
청과물, 수산물 시장 있어
새벽부터 오가는 이 분주한

삶의 숨결 고스란히 남아 있는 역.

올여름에는
하루에 두 편뿐인
부전행 무궁화호에 몸을 맡기고
바람 같은 벗 만나러
해운대, 청사포 다시 가야겠다.
차창 밖 친숙한 풍경
망연히 바라보고 멍때리면서.

청사포靑沙浦에서
- 이청운 화백께

봄이 와도 춥고
늘 궁핍한 서울 떠나
다시 찾은 부산
청사포
바다가 훤히 보이는
언덕배기에 마련한
방 하나 딸린
자그마한 화실.

푸른 바다와 배
갈매기와 등대가 있고,
길모퉁이 낯익은
오래된 가게와 포장마차
빈 쓰레기통을 뒤지는
허기진 강아지 한 마리 떠오르네요.
청사포 바다를 담은
미완의 많은 밑그림들과 함께.

늦은 오후 무료해

걷던 등댓길
하얀 등대, 빨간 등대
주위를 자욱이 덮는 해무 ……
한바탕 바람 불자
거짓말처럼 해무 걷히고
포구로 돌아가는 길
다시 보이네요.

푸른 그리움이
물감처럼 짙게 풀어져 있는
모랫벌을 지나
느리게 느리게
집으로 돌아가야지요.

바람 잘 통하는 창과
작은 식탁, 화분
언제나 젊은 모습으로 깊이 새겨진
여인이 기다리는
집으로 이제 돌아가야지요.

고향 단상

7번 국도 길게
남북으로 뻗어 있고
동편 해안에는
원석 같은 어촌마을,
마을 엮어놓은 푸른 바닷길

겨우내 잠들어 있던
보리가 팰 무렵
은어 떼 오십천 거슬러 오르고
천변에 복사꽃 만발해
무릉도원 같았던 곳

여름철 옥계 지나
백일홍 핀 길 따라
강구항에 들어서면
대게, 홍게로 진풍경을 이룬
다닥다닥 이어진 가게마다
사람들로 문전성시

가을철 한 때의 송이버섯
공판장도 철시하고
하늘빛 시리고 몹시 고운 날
홀로 옛 저잣거리에 서면
이제는 아는 이 없어
더욱 쓸쓸한 나의 고향

그 여름 울릉도

그 여름 울릉도에는
모든 것이 넘쳤다.
항구 선착장 부근
형형색색의 옷으로 치장한
육지에서 원정 나온 아가씨들

뒷골목 주점의 낯선 사내들
어판장엔 한세상을 이룬 오징어
무더기무더기 가득 넘쳤다.

성인봉聖人峯 올라
나리분지 내려오면
또 다른 세상
옛날 너와집 보이고
하늘의 마을, 천부天符
보살의 품속 같은 관음도觀音島
그 너머 망망대해茫茫大海
마치 꿈처럼
꿈꾸듯이 펼쳐졌다.

여름밤

마당 한가운데
작은 평상
둘러싼 울타리는
온통 원추리꽃
겸손하게 향기롭다.

밤이 깊어지자
더욱 선명한 별들
은하를 이루어 흐르다가
산마루에 부딪혀
쏟아진다.

이런 밤에는
꿈 없이 잠들었다
깨어 일어나
새벽이슬 더불어
흠뻑 취하고 싶다.

항구 일지 1

꼭두새벽 3시 반
잠에서 깨어난다.
비스듬한 언덕길 내려오면
출항 준비로 분주한 배들
바닷바람 매섭다.
한 시간쯤 배 달려
어제 그물 쳐둔 해역에 이르면
아직 뱃일 서툰 아내와
힘겹게 그물 걷어 올린다.

은빛 비늘 번쩍이는
수천의 물고기 떼
손으로 일일이 떼어내며
담다 보면 떠오르는 해
비로소 열리는 바다,
등 뒤로 맞으며 돌아오는
항구의 아침
만나는 사람 하나하나가
다 눈부신 꽃이다.

항구 일지 2

이름 없는 항구 어디 있으랴,
동해의 작은 미항 갈남항
미역 파는 제주집 있다.

꽃다운 시절 친구 여럿이

전복, 미역 따러
이리저리 돌고 돌아서 온
멀고도 낯선 강원도 작은 항.

해녀 중 더러는 귀향하고
이 처녀, 의지가 굳고
인물 훤한 동네 청년 만나
해당화 핀 모래사장에서
사랑을 맹세한다.

앞 바다에 물질 나가고
미역 딴 지 어언 오십여 년
정 많던 그 남편
몇 해 전 세상을 떠난다.

홀로 남은 할머니,
자기에게 과분한 사람이라
하늘이 먼저 데려갔다고
선선하게 말하는데

곁에 있는 갈남항의 두 등대
귀 기울여 조용히 듣고 있다.

항구 일지 3

강과 바다 만나는
항구 어귀
노점 끝 조그마한 좌판에서
수건을 둘러쓴 한 노파
엿을 팔고 있다.
지갑에서 반으로 접은
천원 지폐 꺼내
엿 몇 가락을 산다.
오래된 긴 교량 걸으며
엿을 아주 천천히
조금씩 녹여 먹는다.
한 늙은이의 고된 노동과
굴곡진 생애가 더해진
그 무게를 헤아리며
약간 비틀거리다가
생선들 쫙 깔린
어판장에 이른다.

갈매기 떼 울음소리
오늘따라 요란하다.

항구 일지 4

아름드리나무 울창한
금강산 건봉사
부처님 진신사리 친견하고
거진항으로 출발할 때는
난전 시절부터 알고 지내던
용훈 모친께 전화를 한다.

폰에서 익숙한 듯 낯선
가요 음악 흘러나오면
내 몸도 배를 탄 듯 울렁거렸다.
연결이 잘되지 않는 날은
남편과 함께 바다로 나가
배 위에서 그물 작업 중
그렇게 반평생을 살아왔다.

그 사이 난전은 없어지고
새로 단장한 수산물센터
오랜만에 찾아갔더니
가게는 비어 있다.
옆 가게 주인에게 물으니
얼마 전 배를 처분하고
대학병원에 입원, 치료 중이란다.

하릴없어 비탈길 따라
등대해맞이공원 언덕에 오르니
황장목 몇 그루 여전히
거센 바닷바람 맞으며
항구를 비스듬히 굽어보고 있었다.

제 3부

상수리나무
구월九月에
월전月田에서
다시 월전月田에서
그해 가을
외지外地에서
눈 내리는 날에
상명 제자들에게
신돌석 1
신돌석 2
신돌석 3
신돌석 4
강구 친구들
우리들의 술은
요단강
서울로 가며

상수리나무

도마,
더 낮은 곳으로 내려가자.

상수리나무는 잎이 말라 있고
상수리나무는 줄기도 말라 있다.

한숨 소리, 신음 소리
그 아래 있고
온 산야山野에도 있다.

알고 보면 기나긴 세월인데
우리는 늘 높은
위만 바라보고 살아왔다.

저물 무렵에는
상수리나무 뿌리 적시는
물 몇 통 부어주고

도마,
네 옆구리 어떤지
깊숙이 만져 보아라.

구월九月에

북한강에 나가보라
맑아지며 조금씩 깊어 가는 강
이름 모를 들의 풀과 꽃들은
올해도 저리 고즈넉이 피어났는데
우리 남과 북으로 나뉘어
너무 오래 서로 그리워하지 않았는가
혹은 악의에 찬 선전만을 되풀이하지 않았는가
이제 더 이상
아이들을 속일 수만은 없다
서로 인정할 것은 인정을 하자
들어 보아라
새벽의 혼곤한 잠에서 깨어나
북에서 남으로 흘러가던
무수히 많은 뗏목들의 노래를
어느 것 하나 슬픈 사연
담기지 않은 것 없으리니
구월九月에
북한강에 나가보라

그리하여 속으로
크게 흐느끼는 물소리를
밤새도록 들어 보아라

월전月田에서

한밤중
솔바람 소리
사방에서 우수수 일어날 때
용정골 감호소
한번 가면 다시는
돌아오기 어려운 곳.

달빛에 젖어
달빛에 젖어
등짐 진 사나이 흐느적거리며
저수지 너머로 사라지고
흐릿한 불빛 흔들리는
달밭月田에서 보면
오래 격리돼 있어
살아 숨 쉬는 일은
갈수록 서럽고 무섭기만 한 것.

달빛에 젖어

달빛에 젖어
온몸 드러날 때
우리네 가위눌린 땅
다시는 되돌아가지 않으리라
다짐하며 다짐하며.

다시 월전月田에서

우리는 수인囚人인가?
으스름 달밤이면 왠지 무서워
영양 입암立岩으로 가는
산 너머 고개마루턱
경비초소의 푸른 불빛은
더욱 무서워

산전 파 일구어
고추, 담배 농사짓고
힘들게 살아가는
우리네 척박한 삶
그래도 농한기에는
삼삼오오 마을회관에 모여
밤 이슥토록 시름 달랬건만

여기 청송 외진 곳
천연의 요새 자리
감호소 들어선 날부터는

개 짖는 소리마저 야릇해
달밭月田에 그림자 크게 일렁이면
무서워 숨죽여 사는
우리는 정녕 수인囚人인가?

그해 가을

우리는 그해 가을 늦도록 강가에서 노래하며 초막집을 짓고 있었다. 맞은편에 우물 파서 마른 손 띄우며, 간혹 바람과 바람이 실어다 주는 낮은 화음과 화음의 율동 속에서 갈대밭에서.

우리 모이주머니에는 아직 얼마간의 양식이 있어 틈틈이 씨뿌리며 한낮에는 시든 꽃을 갈아 꽂았지. 꽃이파리 사이로 알 수 없는 어둠이 일어서고 있었다. 아주 빠르게 일어서고 있었다.

사실 이쪽으로 한 무리의 병정들이 쳐들어오고 있었다. 칼과 창, 방패를 앞세우고 아니, 철모 쓰고 총을 들고 소리, 총소리…… 비명 소리, 아우성 소리.

이따금 모래시계가 제 살을 물구나무서서 파먹으면 시간은 언제나 강 건너 쪽으로 흘러가고 있었다. 흘러가서 다시는 돌아오지 않았다.

무서워하라, 한밤중에 만나는 사람, 양어깨에 번쩍이는 계급장을 달고 있는 사람, 그들의 말이 불이 되어 우리를 온통 불로 태우는 잔혹한 무리들을.

오래오래 지켜보고 있었다. 연기 자욱한 들녘의 황폐, 짓밟혀 신음하며 뒹구는 사람들의 모습, 노을 속 진혼의 북소리 잦아져 어둠의 살 속 깊이 박힐 때까지. 눈물 한 방울 흘리지 못하고 그대로 선 채.

　우리는 그해 가을 다가도록 강가에서 슬픈 노래 부르며 초막집을 다시 짓고 있었다. 맞은편에 우물 파서 마른 뼈 건지며 간혹 바람과 바람이 실어다 주는 낮은 화음과 화음의 율동 속에서, 빈 들에서.

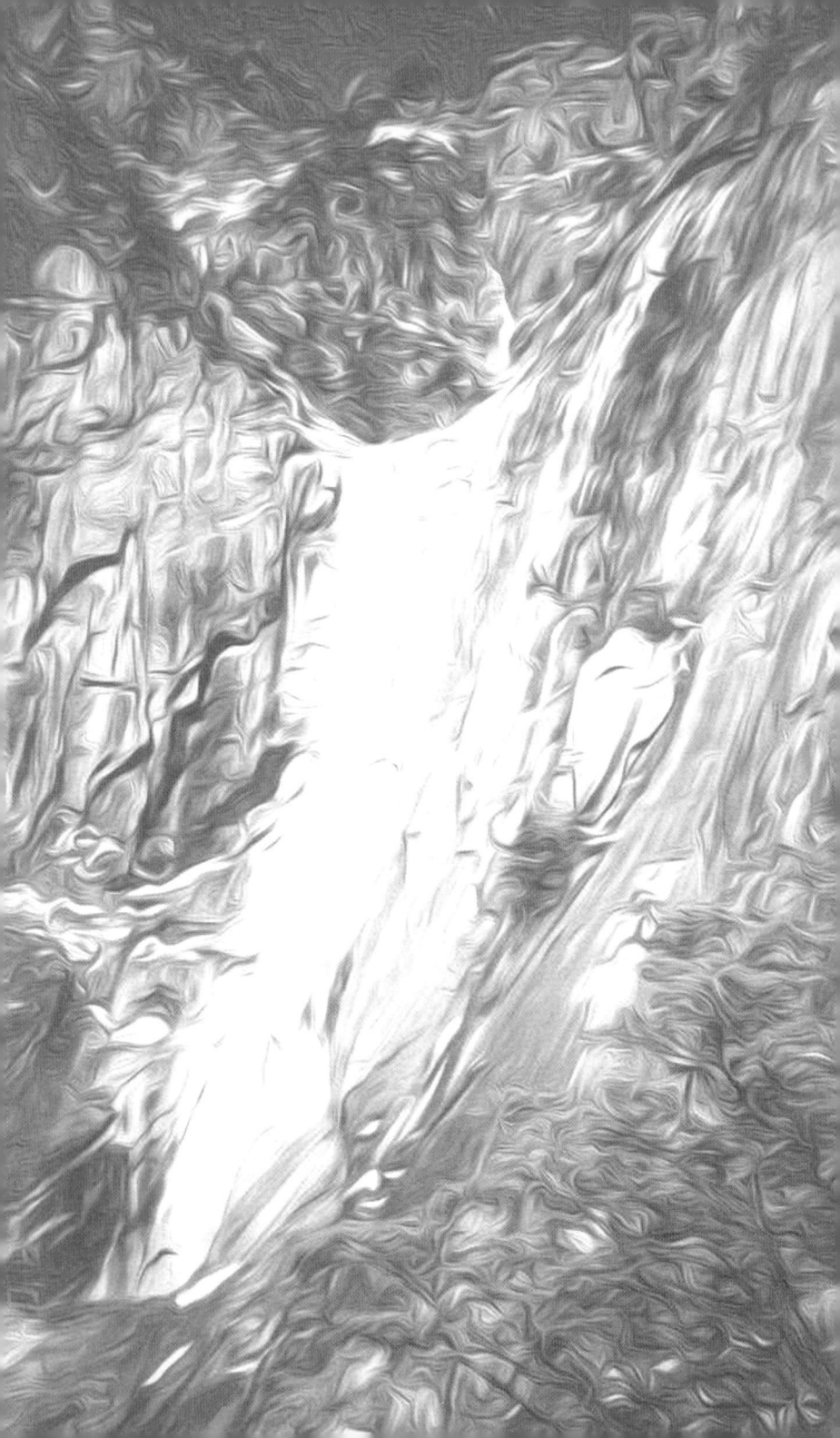

외지外地에서

유월 첫 월요일에
눈이 내렸다.

남쪽 얼음산에서 불어오는 바람이
들판을 빠르게 미끄러져 가는 거기
물개의 그림자는 놀고 있었다.

우리는 언 땅에다
동료의 시체를 묻고
역으로 돌아왔다.

허전하고 홀가분해
홈스펀 재킷의 깃을 세우면
지평선 너머로 해는 일찍 떨어지고

제국의 군인들처럼
하나, 둘 구령을 외치면서
우리는 텅 빈 열차에
몸을 실었다.

상명 제자들에게

세검정 상명부여고
그 순수하고 반듯한
아이들은 모를 거야.
새벽녘 그물 올릴 때 부는
동해의 바닷바람
얼마나 차갑고 매서운가를.
경상도 척박한 땅
이육사 광야는 어떻고
이상화의 빼앗긴 들은 어떤가를.

초임 교사로
잠시 교단에 섰다
군에 입대한 다음에는
커다란 비극적 사건들
직접 가까이서 경험했지.
제대 후 정신없이 떠돌다가,
너른 평택의 소사벌
꿈을 키우는 남자애들과도

더불어 한 삼 년
가르치고 배우며 살았지.

여기는 낯선 서울
칼을 씻었다는 세검정,
의식의 칼날 세우기 위해
북한산 기슭에 세를 얻어
날마다 비탈길 걸어서 출근하는
가난한 선생의 속을
세검정 상명의 아이들은
아마 모를 거야
정말 모를 거야.

눈 내리는 날에

눈이 내린다
사랑하는 사람아,
가야 할 길 지우며
하염없이 내리는 눈
그냥 밀고서 오라
지면에 단단히 얼어붙어
새봄의 숨결 차단하는 눈은
더 이상 우리의 아름다움일 수 없는 것.

눈이 내린다
눈이 내리면
길은 대책 없이 막히고
역으로 가는 마차는 끊어지나니
사랑하는 사람아,
이런 날이면
밤새 내린 눈을 녹이는
뜨거운 불이 되어서 오라
그대, 새벽의 사람아.

신돌석 1

그 밤은 너무 캄캄했다.
먹구름 짙게 드리워
달과 별은 장막 속에 숨고
바람 한 점 없던 그 밤은.

비라도 한바탕 쏟아지려나
한양에선 무슨 전지傳旨가 내려오려나
어저께는 청국놈들이 들어오더니
오늘은 왜놈들의 배가
제물포로 무더기 몰려왔다는데.

영해 고을 농군들
일찍이 동학에 눈을 떠
몇 날이고 송진 횃불 밝혀
외치던 함성 잦아진 지도 여러 해.

다시 칠흑 같은 어둠 속
가마니 문지방에 치고

몰래 불씨 지피며
몸을 떨던 그 밤에
한 사나이 밤길을
어둠을 찢고 걸어왔다.

신돌석 생가

신돌석 2

천하디 천한 몸이 우리 아니냐?
아침 하늘에 펄럭이는
패역의 붉은 깃발
신관 부사 나으리
무도한 백성들 단칼에 처치하고
자주국방, 자립 경제 바쁜 중에도
살진 고기 상납 받아
질탕하게 술판 벌였다는데
보릿고개, 난리통이라
어른들은 배고파서 죽고
아이들은 배 밟혀 죽어
이래저래 죽은 목숨
땅속에 파묻고
눈물까지도 모조리 묻어 버리고
서학도 좋고, 야소교도 좋다
밤마다 찾아오는
원귀들을 잠재울 수 있다면
무력감, 저 무서운 적막 깨뜨리는
둥둥 울리는 북일 수만 있다면.

신돌석 3

돌을 깎는다.
쇠가 돌보다 강한 줄은
알고 있지만
쇠는 돌보다 더 잔인한 것을
삼천리 방방곡곡 둘러보아도
우리 군대 간 곳 없고
제국의 군대와 그 추종자들만이
미쳐 날뛰는 세상
쇠가 돌보다 강한 줄은
알고 있지만
천하고 가진 것마저 없는
우리 돌석이
우직하고 무식하게
돌을 깎는다.
싸우매
삼천만이 삼천만 개라도 모자랄
지천으로 흔하디흔한
돌을 깎는다.

신돌석 4

들풀, 일어서라
동해 거센 바람 따라 일어서라
일찍이 외진, 유배의 땅
신장수가 온다
돌석이가 온다

배 고파 울다 지친 아가야
지난 난리 때 억울하게 죽은
무수한 혼들아
울지 마라, 울지를 마라
외세 침략, 매판 경제, 폭압 정치 삼박자로
아무리 우리를 짓밟고 밟아도

마침내 봄은 다시 와
우리네 정든 땅, 지화자 덮나니
지난 겨울 모진 바람에
꺾이고 누웠던
동해안 연변의, 한반도의

모든 들풀과 해초 일어서라

짚신 삼아 신고
무명 흰 띠 두른
우리네 모습 그대로
돌석이가 온다
신장수가 온다
동해 물결 맘껏 춤추어라

강구江口 친구들

항구에 밤이 들자
여기저기 가로등 켜지고
카바이트 불빛도 파랗게 돋아나면
강구 친구들은 약속이나 한 듯
부산집에 모여 소주를 마신다.
누군가가 전화로 커피를 주문하고
술을 마셔야 몸에 밴 습기
날려 보낼 수 있다는
아직도 뱃놈인 친구는
내일 새벽, 정치망 걷어 올린다고
기대에 부풀어 떠들지만
건져내는 것이 얼마간의 잡어뿐임은
함께 술을 마시는 다방 아가씨도
이젠 알고 있다.

더러는 포항제철 아마 축구팀으로 편입되고
더러는 서울, 부산의 회사나 공장
일용직, 노가다로 떠나갔지만

떠나서도 친구들은
좀체 바다를 포기하지 않는다.
그게 어떻게 다져온 삶의 터전인데
바람이 한번 바뀌어 불어만 봐
물길도 따라 열리고
예전 같은 풍어기는 꼭 오고 말 것
암 오고야 말 것
청어과메기 씹으며 친구들은
누가 먼저랄 것도 없이 하나, 둘
어두운 밤의 바다로 내려선다.

우리들의 술은

우리들의 술은
우리들의 눈물이다, 아픔이다.
　서울의 술은 진로
　부산의 술은 대선
　대구의 술은 금복주
　마산의 술은 무학
　목포의 술은 보해
　군산의 술은 보배
　대전의 술은 선양
　청주의 술은 백학
　강릉의 술은 경월
이 아니다.
우리들의 술은 뭐라고 이름 붙일 수 없다.
서울에서 부산, 목포, 강릉 등지에서
하루의 끈끈한 노동을 끝낸
저녁의 막소줏집이나
찬바람 부는 시장 좌판에서
술을 마셔본 사람은 알 것이다.

우리들의 술은 뭐라고 이름 붙일 수 없는
욕정과 분노, 한과 서글픔
흙과 먼지와 땀과
한반도 이상 기류가 빚어낸
우리들의 눈물이다, 위안이다.

요단강

요단강은 강이 아닙니다.
이스라엘 선택 받은 땅
갈릴리호수를 상류로 하여
칠백 리를 영원으로 흐르는
그 강이 아닙니다.

요단강은 우리의 강
아니, 우리 고장의 산입니다.
천 년의 바람을 이고
푸른 동해와 마주 선
벼랑이자 절벽입니다.

엊그제 대구로 와
친구 여럿이
울산 사는 정만진 만나
방어진 갯바람 속 헤매다가
고향집으로 돌아온 날

부끄럽고 서러워
요단강 갔습니다.
동네 친구 경포 동생, 덕포
열여덟 어린 나이에
울산에서 노가다하다 죽어
요단강에 뼈 뿌렸다기에 가서
소주 한 잔 부어주고 왔습니다.

요단강 더 이상
한의 산 되어서는 안 됩니다.
잘 자란 침엽수, 활엽수 사이
푸른 동해 바라보면서
살아갈 새로운 용기 얻어가는
희망의, 생명의 산이어야 합니다.
친구여.

서울로 가며

어머니,
어머니의 못난 이 아들
이제 서울로 떠나갑니다.
하루하루 끼니를 걱정해야 했던
경상도 어느 골짝의 찌든 가난
열두 살 어린 나이에
별로 넉넉지도 못한
김가네집 민며느리로 와서

읍내 구경도 못하고
새벽이슬 헤치고 들에 나가
달빛 맞으며 돌아왔다는데,
그동안 어찌 지내셨는지
내가 철들어 본 어머니는
이미 늙으신 할머니 모습.

당신 가슴속 사연은
몇 권의 책으로도 못다 적으실 일.
지금은 둘째 아들 사는
청송靑松의 푸른 소나무에 갇혀
막내아들 머나먼 서울 떠나는 데도
고향 집 못 오시나요
이별 서러워 못 오시나요
지금은 새벽 네 시,
교회 불빛마저 보이지 않는
외진 마을에서 홀로 일어나
지성으로 기도하며
눈물 씻고 계실 어머니.

후기

이제야 첫 시집을 내게 되었다.

시를 쓰지 않고 보낸 세월은 참으로 길었지만, 시 곁을 떠난 적은 거의 없었던 듯싶다.

시가 철저히 어떤 수단이 된 이 시대에 시를 쓰고, 시집을 낸다는 것이 무슨 의미가 있겠는가 망설이다가 시집으로 묶어 보았다. 1, 2부는 금년 봄부터 쓴 30편의 시들이고, 3부는 젊은 날에 쓴 시 일부를 이리저리 찾아서 같이 실었는데, 특히 암울하고 참담했던 1980년대에 쓴 시를 다시 마주하는 데에는 상당한 용기가 필요했다.

시가 피폐하고 강퍅한 시대를 힘들게 살아가는 이들에게 작은 위안이라도 되기를 바라는 마음은 여전하다. 여기 실린 시편들이, 중심부에서 멀어져 허탈감을 느끼지만, 꿋꿋이 건강하게 살아가는 이웃들의 삶에 조금이라도 잇대어 있다면 다행이라 생각한다.

이 시집이 나의 제자들이나 나를 아는 이들에게는 뜻밖에 받는 반가운 선물이 되었으면 좋겠고, 다시 시를 쓰게 일깨워준 오랜 벗 정만진 작가, 그림으로 시의 분위기를 한층 돋우어 준 정연지 화가, 시집 출간에 힘을 보태준 반려자 김인숙 여사에게 특별한 감사의 말씀을 남긴다.

2023년 만추에

김형근 시집
낙타의 눈물

발간 2023년 11월 3일
출간 국토
    clean053@naver.com
    전송 053.526.3144
편집 현진건학교

ISBN 979-11-88701-45-2   00810
12,000원